Copyright © 2016 Cantemos all rights reserved

No portion of this book may be copied, reproduced, taped or video taped without the written consent of the author.

Photographs by Diane Steinheil and Georgette Baker

Translation by Georgette Baker

Hallacas Venezolanas

Como Hacerlas

By Georgette Baker

The Venezuelan hallaca (hayaca) is made during the weeks prior to Christmas. From Venezuela the hallaca found it's way under different names and slightly altered ingredients, to Puerto Rico, Trinidad, Tobago and the Dominican Republic.

La hallaca venezolana (hayaca) se hace durante las semanas antes de la Navidad. De Venezuela , la hallaca encontró su camino , bajo diferentes nombres e ingredientes , a Puerto Rico , Trinidad , Tobago y la República Dominicana.

The word "Hallaca" originates from the guaraní Language.

La palabra "Hallaca" proviene del idioma guaraní.

Ingredients (hallacas – calculate + /-)

-1 ½ lb Pork meat (cubed)
-1 ½ lb Beef meat (cubed)
-1 large Chicken (cut in pieces or two smaller chickens)
-3 Leek stalks (cut in small pieces)
-1 bunch Green onion (cut small)
-1 large Onion (cut small)
-1 Red and 1 green bell pepper (cleaned and cut small)
-4 Tomatoes (cut small)
-several garlic cloves
-1 bottle of Spanish Olives (pitted)
-1 bottle (small) capers
-1 bag of whole almonds (no skin)
-If you like some raisins soaked in rum
-2 carrots (for broth)
-2 celery pieces (for broth)
-1 small onion cut small (for broth)
-1 bell pepper (for broth)
-Oil
-Onoto or (Anato) (If you can't find it then use yellow food color)
- Harina Pan
-Banana leaves
-thin twine

The process of making hallacas takes many hours. Prepare some of the needed materials several days even weeks in advance.

El proceso de hacer hallacas toma muchas horas. Prepare algunos de los materiales varios días o semanas antes.

Chicken and Chicken Broth

Cut chicken into 6 pieces (2 breasts, two thighs, two legs)

Put in a deep pan with lots of water

Add carrots and celery cut in large pieces, bell pepper, onion, cut the hard green part of the leaves of the leeks and the green onions and add them in the pan with water (all this is to give flavor to the broth)

Add salt, pepper and any spices you like for flavor and cook

When chicken is cooked cut into small bite size pieces.

Separate broth from all the "stuff" added – Discard the "stuff" and keep broth in the refrigerator.

Broth in plastic bags

Pollo y el Caldo de Pollo

Corte el pollo en 6 unidades (2 senos , dos muslos, dos piernas).

Póngalo en una holla profunda con mucha agua.

Añada las zanahorias, el apio cortado en trozos grandes , el pimiento, la cebolla, corte la parte verde (dura) de las hojas de los ajopuerros y del cebollín verde y agreguelos en la holla con agua (todo esto es para darle sabor al caldo).

Añade la sal, la pimienta y los condimentos que quiera.

Cuando el pollo esté cocido córtelo en trozos pequeños .

Separe todo lo añadido al caldo, bótelo y guarde el caldo en el refrigerador.

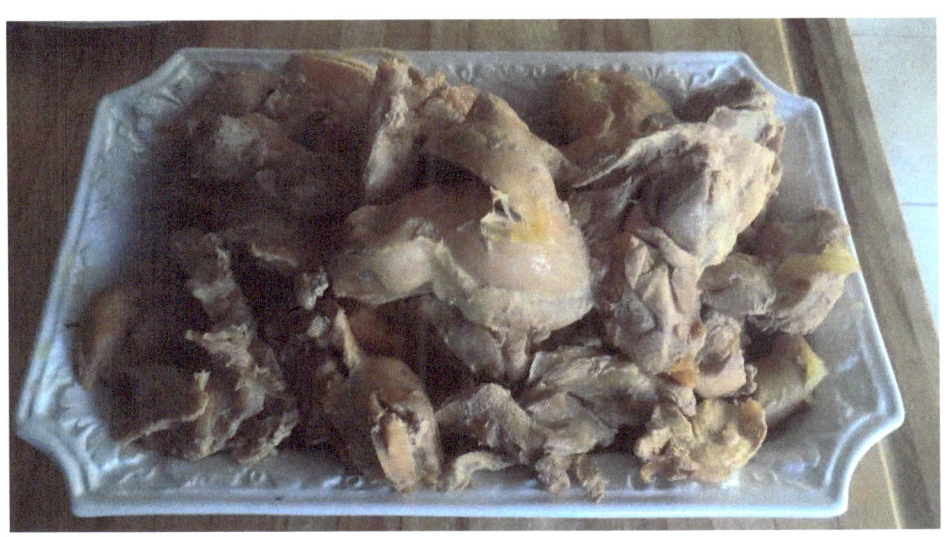

Anatto is a condiment and food coloring derived from the seeds of the achiote tree. Use it to color your chicken broth and the oil. It will change the broth and oil to an orange red.

Anato es un condimento y colorante derivado de las semillas del achiote. Se usa para dar color al caldo de pollo y el aceite. Cambiará el caldo y el aceite a un rojo anaranjado.

Onoto Oil

In a pan add 2 cups of oil and heat

Add onoto pieces (red little balls) and let it cook for a bit until the onoto releases the color and flavor .

Separate the oil and discard the onoto.

(If you can't find Onoto then use Bijol or food coloring)

Aceite de Onoto

En una sartén agregue 2 tazas de aceite y calientelo. Añade piezas de onoto (pequeñas bolas rojas) y déjelo cocer un poco hasta que el onoto libere su color y sabor .

Separe el aceite y deseche el onoto . (Si usted no puede encontrar Onoto use Bijol o colorante de comida .

Sofrito and Relleno

In a large pan add ½ cup of prepared onoto oil and heat up

Add the small cut pieces of: leeks, bell peppers, onion, green onion, and crushed garlic. Cook for a while until the ingredients appear cooked.

Add the cut tomato pieces and cook for a bit longer

Add the pork and beef pieces and cook some more

Add the almonds, olives, capers. Cook and mix a bit. (If you were not able to get Onoto, now would be a good time to add food coloring or Bijol to give the "relleno" a good color.

Add the chicken pieces (don't overcook the chicken or it will shred and disappear) and, if you like the raisins in the hallaca add them now.

If your sofrito is too liquid add some Wondra to thicken.

(By now you should be exhausted.... Drink a glass of wine and leave the rest for tomorrow or another day) So refrigerate or freeze your relleno and the broth.

Peel the tomatoes and remove seeds. Cook them to add them to the sofrito.

Pele los tomates, saque las semillas y cocinelos para el sofrito.

Chop vegetables very fine,

Pique los vegetales bien pequeň os.

Sofrito y Relleno

En una cacerola grande agregue ½ taza de aceite de onoto preparado y calentelo. Añada las pequeñas piezas cortadas de : puerros , pimientos , cebolla, cebolla verde y el ajo picado.

Cocine hasta que los ingredientes esten cocidos. Añada los trozos de tomate y cocina todo un poco más Añada los trozos de cerdo y ternera y cocine un poco más

Añada las almendras, aceitunas, alcaparras .
Cocina y mezcla un poco . (Si no fueras capaz de obtener Onoto , ahora sería un buen momento para añadir colorante de alimentos rojo o Bijol para dar el " relleno " un buen color .

Añade los trozos de pollo (no cocine el pollo a mucho o se destruye) y, si te gustan las pasas en la hallaca añadelos ahora . Si el sofrito se está aguado añada Wondra para espezar.

Sauté all the ingredients together with a little oil for the "guiso" (stew) you will be cooking.

Cocine juntos, con un poco de aceite, todos los vegetales para l guiso que va a preparar

Harina Pan is a finely ground, precooked, cornmeal and the one you will need to use.

La Harina Pan es una harina, precocida, de maíz finamente molida que tendrá que utilizar.

Masa

Depending on how many hallacas you are doing (based on the amount of relleno you have.) Warm up the broth a tad, make sure it tastes great (if not add flavor or salt etc)
To the broth add Harina Pan and mix constantly, add Onoto oil little by little (the masa has to be nice and oily) this is not arepa dough)

If you did not find Onoto then add Bijol or food coloring to broth before you add the Harina Pan.
Mix well and let it rest - check that the dough is soft but firm and of good color.

Ojo: If you find that you don't have enough broth for the masa, just add canned broth.

(By now your arms should be hurting from all that mixing of the dough, so it might be better if you find someone else to do the mixing…. hehe)

La Masa

Dependiendo del número de hallacas que está haciendo (basado en la cantidad de relleno que tiene.)

Caliente el caldo un poco , asegúrese de que sabe muy bien (si no agreguele sabor o sal.)

Añada Harina Pan al caldo y mezcle constantemente. Añade aceite de Onoto poco a poco (la masa tiene que ser bien grasosa - estas no son arepas)

Si no encontró Onoto añada Bijol o colorante de alimentos al caldo antes de añadirle el Harina Pan .

Mezcle bien y dejelo reposar. Compruebe que la masa esté suave pero firme y de buen color .

Ojo : Si usted encuentra que no tiene suficiente caldo para la masa , sólo tiene que añadir el caldo enlatado.

(Ahora tus brazos deben estar sufriendo por estar mezclando la masa, podría ser mejor si encontraras a alguien para continuar mezclando ... .jeje)

Banana Tree
Banano

You will need banana leaves, cut, cleaned and blanched until they are supple. The hallacas will be wrapped in them.

Usted necesitará hojas de plátano, cortadas, limpias y blanqueados hasta que estén flexibles. Las hallacas serán envueltas en ellos .

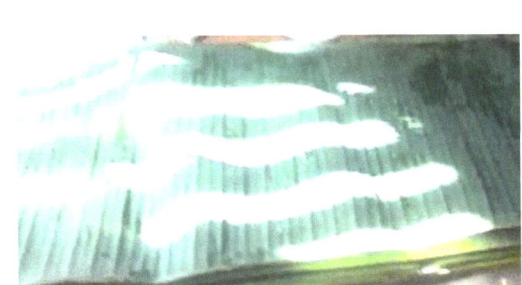

Banana leaves cut , supple and clean
Hojas de banana cortadas ,flexibles y limpias

Prepare the Hallacas

Before you start, cut the strings with which you are going to tie your hallacas. Clean and cut your leaves to the size you want your hallacas to have (about 18 inches long, you should be able to wrap it like a little present).

With a soft cloth wipe some oil (onoto or other) on the leaf, spread dough (not too thick) put relleno, making sure there is at least one olive and a couple of almonds in each hallaca.

Fold the leaf, first one side, then the opposite side, then fold under the perpendicular sides. I do a double wrap to make sure water stays out. Tie and *VOILA!*

Prepare las Hallacas

Antes de empezar, corte las cuerdas con las que se van a atar las hallacas.

Limpie y corte las hojas el tamaño que usted quiere que sean sus hallacas (aproximadamente 18 pulgadas de largo , usted debería ser capaz de envolver la hallaca como un pequeño regalo) .

Con un paño suave ponga un poco de aceite (onoto u otro) en la hoja , ponga masa (no espesa) pon el relleno , asegurándo que hay al menos una aceituna y un par de almendras en cada hallaca .

Doble la hoja, primero de un lado, luego el lado opuesto , doble hacia abajo los lados perpendiculares. Haga una envoltura doble para asegurar que el agua se queda fuera, ¡Amárelo y listo !

Finishing Touch

Boil hallacas for about 10 minutes

  In a large deep pot, boil water, add hallacas and let them cook.

  Serve on the plate with it's leaf underneath (looks cool)

  Or if you are not eating them all freeze them.

ENJOY!

The hallacas freeze great - I like to vacuum seal them four in each pack.

You can also put them in plastic bags. Take as much air out of the bag before freezing.

Toque Final

Hierve las Hallacas por 10 minutes en una holla grande.

Añade las hallacas y déjalas cocer . Sírvelo en el plato con la hoja debajo (se ve bonito)

Si usted no los está comiendo inmediatamente, los puede congelar.

¡DISFRUTA!

Las hallacas congelan muy bien- me gusta sellarlos cuatro en cada paquete.

Ponlos en bolsas de plástico y saca todo el aire de la bolsa antes de congelarlas .

What is the origin of the hallaca? After reading several stories, I decided this was the best one to retell.

Long ago on rich Venezuelan ranches the owners (of Spanish decent) ate lavish meals with European ingredients (olives, raisins and nuts). They owned many slaves and servants. The slaves would save or scavenge the leftover stews of pork, chicken and beef and put them all together, adding indigenous ingredients for flavor.

They ground and boiled the cornmeal, they were usually fed, until it was fine. They rolled it out and put the mixed leftovers into it. Banana leaves were available and were used to wrap their meat-stuffed corn meal creations.

These banana wrapped meals were put in a pot of boiling water to further cook and solidify them. The word hallaca, comes from the indigenous Guarani language. In Guarani, <u>ayuaca</u> means "mixed things".

¿Cuál es el origen de la hallaca?

Después de leer varias historias, decidí que este era el mejor para recontar.

Hace mucho tiempo en los ranchos de venezolanos ricos, (decendientes de españoles) los propietarios comían comidas con ingredientes europeos como aceitunas, pasas y nueces. Eran dueños de muchos esclavos y sirvientos . Los esclavos guardaban los guisos de carne de cerdo , pollo y carne de res sobrantes y los juntaban , añadiendo ingredientes adicionales para darle sabor.

Molían y hervían la harina de maíz que generalmente tenían como alimento. Las sobras mezcladas las ponían en la masa.

Hojas de plátano disponibles se utilizaban para envolver las creaciones de carne e harina de maíz. La preparacion envuelta con hojas de plátano se ponian enuna olla de agua hirviendo para cocinarlas más.

La palabra hallaca , proviene del idioma indígena guaraní . La palabra guaraní, "ayuaca" significa "cosas mescladas".

A special thanks to Diane Steinheil who extended the hand of friendship that made this book possible. Her generous nature, her willingness to share make her special beyond description.

Her personal recipe was offered without hesitation. Enjoy!

To see other books by Georgette Baker visit www.cantemosco.com or your on line bookstores.

www.ingramcontent.com/pod-product-compliance
Lightning Source LLC
Chambersburg PA
CBHW042258280426
43661CB00097BA/1185